NATIONAL
GEOGRAPHIC

Peldaños

Vivir
EN LAS
MONTAÑAS

Comunidades en las que vivimos

MONTAÑAS ALTAS,

Jordan Romero estaba de pie sobre la cima del macizo Vinson, la montaña más alta de la Antártica. "¡Lo logramos!", exclamó Jordan. Sobre él había un cielo azul despejado y debajo, picos rocosos y nevados. El 24 de diciembre de 2011, Jordan había logrado su **objetivo**. Había escalado la montaña más alta de cada **continente**, o masa de tierra grande, de la Tierra.

Jordan se había propuesto este objetivo cuando tenía 10 años. Vio un mural que mostraba las montañas más altas, o **cumbres**, de los siete continentes. Jordan pensó: "¡Me gustaría escalar esas montañas!". Pero no podía comenzar aún.

∧ cuerda de ascenso

‹ Jordan está de pie entre su madrastra a la izquierda y su papá a la derecha. Están en la cima del macizo Vinson.

Grandes objetivos

por Debbie Nevins
y Ann Wildman

Jordan y su papá tuvieron que obtener el permiso de cada país. Debían tener el equipo de ascenso adecuado. Y, lo que es más importante, Jordan tenía que comenzar a entrenarse. Ya vivía una vida activa en una comunidad de montaña en California. Estaba acostumbrado a correr y escalar en las montañas. Pero Jordan tendría que hacer un entrenamiento especial para lograr un objetivo tan importante.

El macizo Vinson se encuentra en la Antártica. Se descubrió en el año 1935.

Las Siete Cumbres

Jordan comenzó a caminar en Sierra Nevada, una cordillera, con su papá. Jordan llevaba una mochila pesada para desarrollar su fuerza. Corría en las montañas cerca de su casa. Eso lo ayudó a aprender a respirar a grandes **altitudes**. La altitud es cuánto se eleva un pico montañoso sobre el nivel del mar, o la superficie del mar. Es más difícil respirar a mayores altitudes. Las altitudes más elevadas pueden hacer que las personas

Sigue a Jordan y su equipo mientras escalan las "Siete Cumbres".

CUMBRE 4
Cerro Aconcagua

en Sudamérica

22,841 pies

ASCENSO DE JORDAN
diciembre de 2007, 11 años de edad

Había vientos muy fuertes en esta montaña. Solo Jordan, su papá y su madrastra llegaron a la cumbre.

CUMBRE 3
Monte Elbrus

en Europa

18,510 pies

ASCENSO DE JORDAN
julio de 2007, 10 años de edad

El papá de Jordan tuvo mal de altura en su ascenso. Se sentía débil y le dolía la cabeza. En ese momento Jordan tomó el mando.

CUMBRE 5
Monte Mckinley

en Norteamérica

20,320 pies

ASCENSO DE JORDAN
junio de 2008, 11 años de edad

La cresta de la cumbre de esta montaña era alta y nevosa. Jordan tuvo que usar el equipo adecuado para no resbalarse por la ladera de la cresta.

CUMBRE 7
Macizo Vinson

en la Antártica

16,067 pies

ASCENSO DE JORDAN
diciembre de 2011, 15 años de edad

Jordan logró su objetivo de las Siete Cumbres. Escaló esta montaña en verano. Aún así, las temperaturas eran muy frías.

tengan dolores de cabeza y de estómago. Esto se llama mal de altura. Después de meses de mucho trabajo, Jordan estaba listo. Se enfrentaría a su objetivo de escalar la montaña más alta de cada uno de los siete continentes.

Jordan celebra un ascenso exitoso en Nueva Guinea.

CUMBRE 6
Monte Everest
en Asia
29,023 pies

ASCENSO DE JORDAN
mayo de 2010, 13 años de edad

Jordan se convirtió en la persona más joven en escalar el monte Everest. Durante semanas, ascendió y descendió partes de la montaña. Esto lo ayudó a acostumbrarse a la altitud.

CUMBRE 2
Monte Kosciuszko
en Australia
7,310 pies

ASCENSO DE JORDAN
abril de 2007, 10 años de edad

Esta es una montaña más baja, por lo tanto, Jordan pensó que sería fácil escalarla. Pero las frías temperaturas, la lluvia y el viento lo demoraron.

CUMBRE 1
Monte Kilimanjaro
en África
19,340 pies

ASCENSO DE JORDAN
julio de 2006, 10 años de edad

Jordan viajó a través de bosques tropicales cálidos, sobre lava endurecida y sobre nieve y hielo para escalar el "Kili".

ASCENSO ADICIONAL
Pirámide de Carstensz
en Nueva Guinea
16,023 pies

ASCENSO DE JORDAN
septiembre de 2009, 13 años de edad

Jordan también escaló la pirámide de Carstensz, en Nueva Guinea. Algunos argumentan que este pico, no el monte Kosciuszko, es parte de las Siete Cumbres.

La cumbre más difícil para Jordan

Jordan tuvo algunos ascensos difíciles mientras trabajaba para lograr su objetivo, pero el monte Everest fue su mayor reto. Ubicado en Asia, el monte Everest es la montaña más alta del mundo. Los alpinistas se enfrentan a temperaturas heladas y vientos fuertes. Avalanchas mortales, o grandes cantidades de hielo y nieve que se deslizan, hieren a los alpinistas todos los años.

Jordan no tuvo miedo de estos peligros. Estaba con su equipo de confianza: su papá, Paul; su madrastra, Karen y tres guías llamados *sherpas*. Los sherpas son escaladores expertos que viven cerca de la montaña. El equipo de Jordan llevaba ropa abrigada y botas especiales que se aferran al hielo. Los ganchos, las cuerdas, las herramientas, las tiendas de campaña y el oxígeno los ayudaron a llegar a la cumbre. Sin embargo, el viaje a la cima fue extenuante. Por momentos, Jordan sentía las piernas como si fueran de cemento.

Jordan estaba decidido a lograr su objetivo de las Siete Cumbres. Explica cómo se sintió en la cima del monte Everest: "Fueron los mejores 20 minutos de mi vida, ver la curvatura de la Tierra y las millas infinitas". Sin embargo, no pudo quedarse mucho tiempo. Hacía mucho frío en la cima del monte Everest, pero antes de que Jordan comenzara a descender, llamó a su mamá, Leigh Anne.

"Mamá", dijo, "te llamo desde la cima del mundo".

Jordan (derecha) y un guía sherpa usan máscaras durante su ascenso. Las máscaras los ayudan a respirar el delgado aire de montaña.

Sí, ese es Jordan enterrado debajo de toda esa ropa abrigada, que lo protege del estado del tiempo mientras escala el monte Everest.

Conozcamos a Jordan

Para Jordan, cada día es una aventura. Se propone grandes metas y hace lo que sea para lograrlas. Conoce mejor a Jordan en esta entrevista.

National Geographic: ¿Cómo te interesaste en el ascenso de montañas?

Jordan Romero: Originalmente salía al aire libre a observar la naturaleza. Realmente me gustaban los animales, especialmente las serpientes. Luego, ver películas sobre los grandes picos montañosos en Discovery Channel y National Geographic realmente motivó mi interés por el ascenso.

NG: ¿Hiciste algo poco común mientras entrenabas para un ascenso importante?

JR: Para algunos ascensos tenemos que halar trineos llenos de equipos por la montaña. Así que me até una soga a la cintura con una llanta en el otro extremo y la arrastré para practicar cómo halar el peso.

NG: ¿Estabas asustado mientras escalabas el monte Everest?

JR: El día 17, papá y yo fuimos arrastrados por una avalancha, y papá se lastimó un poco. Estuve asustado por un par de días, luego regresamos a nuestra misión.

NG: ¿Tuviste que hacer las tareas de la escuela en cada uno de tus ascensos?

JR: Tuve que viajar con todos mis libros, y practicaba Álgebra en el monte Everest. Era difícil hacer la tarea en los ascensos, pero debía hacerlas.

NG: ¿Cómo fue escalar el monte Everest con tu familia?

JR: Fue el mejor momento de mi vida. Me ayudaron en todo. Estoy agradecido por su apoyo.

NG: ¿Cuáles son tus metas actuales?

JR: Me gustaría finalizar el *Adventure Grand Slam*. Esto implica escalar las Siete Cumbres (¡hecho!) y recorrer los polos Norte y Sur. Mi mamá y yo también planeamos ayudar para construir una escuela en Malawi, un país de África.

> Jordan se mantiene a salvo gracias a las cuerdas. Adhiere las cuerdas a sí mismo y a la montaña. Estas lo sujetarán si tropieza.

< Jordan, de 14 años de edad, conduce a un escalador ciego a la cumbre del pico Quandary, en Colorado.

Compruébalo ¿Qué montaña crees que fue la más difícil de escalar para Jordan? ¿Por qué?

Surfear las montañas nevadas

por Sean O'Shea

Un esquiador da vueltas y gira sobre la nieve.

Imagina que desciendes a toda velocidad por la ladera de una montaña nevada. Tus botas están sujetas a un esquí corto y ancho llamado *snowboard*. Chocas con un montículo de nieve y sales volando por el aire. La nieve te golpea en las mejillas. ¡Aguanta!

Si alguna vez te has subido a una patineta, quizá sepas de qué se trata el *snowboarding*. Te paras sobre la tabla más o menos de la misma manera. Doblas las rodillas y mantienes el equilibrio. Pero en lugar de estar en la acera, estás en una pendiente nevada.

Algunos esquiadores creen que el lugar más emocionante para hacer *snowboarding* es un **tazón**, o área curva de nieve. Piensa en una gran cucharada de tierra que se retira del suelo y luego agrega nieve. Con sus tazones curvos, las pendientes empinadas y la delgada nieve polvorienta, las comunidades de montaña son un lugar perfecto para hacer *snowboarding*.

Cómo el snowboarding se convirtió en un deporte

1963
El estudiante de séptimo grado Tom Sims construye una "tabla de esquí". Busca una manera de deslizarse en la nieve.

década de 1970
Los primeros esquiadores que usan las *snowboards* construyen sus propias tablas. Sus diseños se vuelven populares. Varias compañías comienzan a fabricarlas.

década de 1980
Los que practican el *snowboarding* comienzan a reunirse para hacer competencias en todo el mundo.

1998
El *snowboarding* se convierte en un deporte en las Olimpíadas de Invierno. Las olimpíadas en Nagano, Japón, son las primeras que incluyen eventos de *snowboarding*.

2000
El *snowboarding* se convierte en el deporte de más rápido crecimiento en los Estados Unidos.

El equipo

El *snowboarding* es un deporte difícil. También puede ser peligroso. Un esquiador que va sobre los bordes de la tabla tiene que tomar decisiones rápidas para mantenerse a salvo. Se necesitan años de entrenamiento y mucho trabajo para convertirse en un **deportista** del *snowboarding*. Echemos un vistazo al equipo que usan los esquiadores en las pendientes.

Las *snowboards* miden de cinco a seis pies de largo. La mayoría miden unas diez pulgadas de ancho. Las hay de muchas formas y tamaños. Cada tipo de *snowboard* permite hacer trucos diferentes. También ayudan a controlar la velocidad y hacer giros.

Botas y ataduras se adhieren a los pies y te mantienen sobre la tabla.

Un casco te protege la cabeza y también te la mantiene abrigada.

Las gafas de seguridad te protegen los ojos de la nieve, el hielo, el viento y la luz solar.

Las chaquetas abrigadas y los pantalones para la nieve te mantienen abrigado y seco. Los esquiadores deben poder moverse libremente con esta ropa.

Los guantes con acolchado te protegen las manos cuando maniobras. Eso es importante porque los esquiadores maniobran arrastrando una mano sobre el suelo nevado.

Un lazo evita que la tabla se deslice y se aleje si te caes.

movimientos increíbles

Método aire
Dobla las rodillas durante un salto para poner la tabla detrás de ti. Tomas la tabla con una mano.

McTwist
Gira en el aire dos veces. El esquiador Mike McGill inventó este truco. Otros le han agregado más movimientos para hacerlo aún más difícil.

Rutina 180
Gira junto a la tabla medio círculo cuando saltes sobre el riel. El riel puede ser una baranda de escalera o una pequeña escalera hecha para deslizarse con el *snowboard*. Luego gira hacia atrás al final del riel. Debes terminar mirando para el mismo lado que cuando empezaste.

Gigantes de las pendientes

Shaun White

Estos esquiadores son tres de los muchos campeones de este deporte extremo.

El sobrenombre de Shaun White es "Tomate volador", gracias a su cabello rojo y sus trucos con su *snowboard*. Shaun ganó su primera competencia a los siete años de edad. Ha ganado dos medallas olímpicas desde entonces. Realizó el "doble McTwist 1260" en los juegos olímpicos de invierno del año 2010. En este truco, da dos vueltas mientras gira tres veces y media.

> Shaun White toma aire en una competencia en Colorado.

Travis Rice

^ Travis Rice despega en una colina en Colorado.

Travis Rice creció en las pendientes del estado de Wyoming. Travis es un campeón de **estilo libre** en *snowboarding*. Un esquiador de estilo libre realiza trucos en una rampa llamada media tubería. La rampa tiene forma de "U". La especialidad de Travis son los saltos altos. Ha realizado proezas en *snowboard* en varias películas.

Kelly Clark creció en el estado de Vermont, cerca de montañas empinadas cubiertas de nieve. Ha ganado dos medallas olímpicas. Ha ganado más medallas en *snowboard* que cualquier otra deportista. En el año 2011, realizó tres giros en el aire, llamado 1080. ¡Esta fue la primera vez que una mujer lo realizara!

Kelly Clark compite en un evento de media tubería en el estado de Nueva York.

Kelly Clark

Compruébalo Describe tu esquiador o tu movimiento de *snowboarding* favorito.

15

Comparar las comunidades de montaña

por Annaliese Toth

Dos lugares

Las comunidades de montaña están en todos los rincones del mundo. Comparemos dos comunidades en diferentes países para ver en qué se parecen y en qué se diferencian.

CRESTED BUTTE Las Montañas Rocosas están en Norteamérica. La comunidad de Crested Butte, en Colorado, es un valle en las Montañas Rocosas. Un valle es un terreno bajo entre las montañas. Sin embargo, la altitud de Crested Butte es de 8,885 pies sobre el nivel del mar. Puede nevar desde septiembre hasta fines de junio. Las temperaturas de verano son de unos 70 °F.

KATMANDÚ Las montañas Himalaya se extienden por el sur de Asia. Incluyen el país de Nepal. Katmandú es la capital de Nepal. Se ubica en un valle fluvial cerca del Himalaya. Katmandú está a unos 4,344 pies sobre el nivel del mar. La altitud menos elevada ayuda a que el pueblo de Katmandú disfrute de un clima templado. Las temperaturas de verano son de unos 77 °F. Las temperaturas de invierno generalmente no bajan del punto de congelación. No es común que nieve.

Poblaciones

CRESTED BUTTE Crested Butte es una comunidad **rural**. Esta pequeña ciudad ni siquiera tiene semáforos. Muchas personas visitan Crested Butte, pero su **población**, o el número de personas que viven allí, es de solamente unos 1,500 habitantes. Los residentes de Crested Butte deben ir a las comunidades vecinas para encontrar cosas como hospitales. Crested Butte no es suficientemente grande para tener bomberos de tiempo completo. En cambio, los voluntarios ayudan a apagar los incendios. Durante muchos años, los estudiantes de Crested Butte viajaban a una comunidad cercana para ir a la escuela secundaria.

KATMANDÚ Más de un millón de personas viven en Katmandú. ¡Eso es más de 600 veces la población de Crested Butte! Es la ciudad más grande de Nepal y el principal centro de negocios. Katmandú tiene muchos servicios que la gente necesita. Incluso tiene hospitales y escuelas, que son difíciles de encontrar en el resto del país.

Recursos

CRESTED BUTTE Aproximadamente en el año 1860, colonos de la parte este de Estados Unidos viajaron al Oeste. Fueron a extraer oro y carbón en lugares como Crested Butte. Cuando los colonos comenzaron a extraer estos **recursos**, nuevos negocios abrieron para atender a los mineros. Crested Butte prosperó hasta que el oro y el carbón escasearon. Muchas minas cerraron. Algunos colonos intentaron ganar dinero criando ganado en los pastizales. Otros talaban árboles y vendían la madera. Pero las personas todavía no podían ganar suficiente dinero para mantener a sus familias. Comenzaron a mudarse. En la década de 1950, la población de Crested Butte había disminuido.

KATMANDÚ Los recursos son también la razón por la que las personas formaron una comunidad en Katmandú. Su valle tiene muchos ríos que corren a través de él. Las personas viven aquí por su abundante agua. El cultivo de alimentos puede ser difícil en las empinadas laderas de las montañas, pero en el valle, el suelo fértil y el buen clima permiten que los cultivos crezcan fácilmente. El valle también tiene otros beneficios. Ofrece un paso para atravesar las montañas más altas del mundo.

Turismo

CRESTED BUTTE En el clima templado de verano, explorar los senderos de las Montañas Rocosas cerca de Crested Butte a pie o en bicicleta es divertido. En invierno, los esquiadores se deslizan cuesta abajo en esquíes o *snowboards* por las montañas nevadas. Hoteles, refugios de esquiadores y restaurantes dan la bienvenida a los **turistas**, o visitantes, a la comunidad, todo el año. La mayoría de las personas que viven y trabajan en Crested Butte trabajan ayudando a los turistas. Otros trabajan en las montañas quitando la nieve de los caminos y manteniendo los senderos.

KATMANDÚ Katmandú es un punto de partida para muchos turistas que planean escalar en el Himalaya. En el año 1953, los primeros escaladores llegaron a la cumbre del cercano monte Everest, la montaña más alta del mundo. Desde entonces, el pueblo de Katmandú ha abierto tiendas, restaurantes y hoteles para atender a los turistas. Antes de la década de 1950, no había un solo hotel en Katmandú.

Quizá haya diferencias entre ellas. Pero todas las comunidades de montaña tienen al menos algo en común: ¡las montañas!

Compruébalo ¿En qué se parecen Crested Butte y Katmandú?

Comenta

1. ¿Qué crees que conecta los tres artículos que leíste en este libro? ¿Qué te hace pensar eso?

2. Si vivieras o visitaras una comunidad de montaña, ¿qué tipos de retos podrías proponerte? ¿Por qué?

3. ¿Qué tipos de actividades puedes hacer para divertirte en las montañas?

4. ¿En qué se parece la comunidad en la que vives a las comunidades de montaña como Crested Butte y Katmandú? ¿En qué se diferencian?

5. ¿Qué más quieres saber sobre la vida en las montañas?